Inversión De Dividendos Para Principiantes Y A Prueba De Tontos

Por Giovanni Rigters

Aviso de exención de responsabilidad

Ten en cuenta que la información contenida en este documento es sólo para fines educativos y de entretenimiento. Se ha hecho todo lo posible para proporcionar información precisa, actualizada y fiable. No hay garantías de ningún tipo, ni expresas ni implícitas. Los lectores reconocen que el autor no se compromete a dar consejos legales, financieros, médicos o profesionales. El contenido de este libro se ha obtenido de varias fuentes. Por favor, consulte a un profesional autorizado antes de intentar cualquier técnica descrita en este libro.

Al leer este documento, el lector está de acuerdo en que bajo ninguna circunstancia el autor es responsable de las pérdidas, directas o indirectas, en que se incurra como resultado del uso de la información contenida en este documento, incluidos -pero no limitados a- errores, omisiones o inexactitudes.

Índice

Introducción

El mayor punto de venta que tienen los dividendos como forma de seguridad financiera es su fiabilidad. La mayoría de las personas no quieren invertir en valores financieros porque son reacios al riesgo, y la imprevisibilidad del mercado puede ser desalentadora para los inversores primerizos. Invertir en dividendos asegurará que no tengas que invertir mucho dinero en efectivo y esperar mucho tiempo para ver algún rendimiento.

En cambio, lo que obtendrás es un flujo constante de ingresos. No sólo esto, sino que los ingresos que recibas pueden ser reinvertidos en el mercado, y gradualmente puedes construir una cartera de diferentes inversiones para asegurarte de que no eres susceptible a las fluctuaciones del mercado.

Las empresas en las que invertirás también son aquellas con modelos de negocio establecidos y altamente efectivos y probados que aseguran que la empresa será capaz de superar los tiempos difíciles, incluso en una recesión. Se trata de organizaciones que suelen llevar a cabo tus negocios en todo el mundo, muchas de estas empresas que pagan dividendos también tienen el potencial de aumentar tus dividendos cada año. Si investigas un poco, podrás cuantificar el aumento constante de los dividendos que estas empresas han dado a sus inversores.

También es importante recordar que cuando se comienza a invertir, hay que asegurarse de tener algún conocimiento básico de la inversión y del funcionamiento del mercado, así como de conocer su terminología. Este libro explicará la idea básica que hay detrás de los dividendos, los valores financieros, los mercados, la terminología y los procedimientos para establecer su estructura de inversión.

También veremos las estrategias avanzadas de inversión de dividendos para maximizar los beneficios de sus inversiones utilizando diferentes técnicas, trucos y consejos.

Este libro tiene como objetivo familiarizarte con el mundo de la inversión en el mercado de valores - y explica cómo es un mundo en sí mismo y por lo tanto, sigue sus propias reglas. Una vez que se obtiene la esencia básica de estos mercados, sólo hay que aprender cómo los dividendos pueden

jugar un papel fundamental en su
cartera de inversiones.

Capítulo 1: Inversión de dividendos

La inversión en acciones de dividendos puede ser correcta si se busca una inversión que proporcione un ingreso regular. Las empresas que pagan dividendos distribuyen regularmente un porcentaje de sus beneficios a los inversores. Además, muchas acciones de dividendos en los EE.UU. pagan a los inversores una cantidad fija cada trimestre, mientras que otras compañías aumentan sus pagos con el tiempo.

Algunas compañías pagan dividendos, otras no.

Hay varias razones por las que una empresa puede optar por pasar algunos de sus beneficios como dividendos, y otro conjunto de razones por las que algunas empresas prefieren no emitir dividendos y en su lugar utilizar todos los beneficios para el crecimiento.

Para una compañía estable con ganancias regulares que no requiere reinversiones, el pago de dividendos puede ser una buena idea porque:

- Muchos inversores ven el pago de dividendos como un indicador de la fortaleza de la empresa.

También es una señal de que la compañía tiene proyecciones positivas de ganancias en el futuro, lo que hace que las acciones sean más atractivas. Recuerda, la mayor demanda de acciones de una compañía impulsará su precio.

- Muchos inversores buscan un ingreso estable vinculado a los dividendos, por lo que es más probable que compren las acciones de la empresa.

Por otra parte, algunas empresas optan por no emitir dividendos por las siguientes razones:

- Las empresas nuevas que están creciendo rápidamente no emitirán dividendos porque necesitan invertir tanto como sea posible en su crecimiento.
- Las empresas establecidas también optan por no emitir dividendos si sus directores creen que harán un mejor trabajo al aumentar el precio de sus acciones mediante la reinversión.
- Algunas empresas suspenden temporalmente los dividendos para iniciar un nuevo proyecto,

comprar otra empresa o recomprar algunas de sus acciones.

- Las empresas que optan por reinvertir todos sus beneficios, en lugar de emitir dividendos, también pueden pensar en el gran costo de la emisión de nuevas acciones. Para evitar recaudar fondos a través de este canal, deciden quedarse con los beneficios.
- La decisión de empezar a pagar dividendos o de aumentar la tasa de dividendo actual es una decisión comercial enorme. Las empresas que de repente cancelen o incluso reduzcan su actual pago de dividendos podrían ser vistas desfavorablemente, y el precio de las acciones podría disminuir como resultado.

Las compañías estadounidenses que históricamente decidieron no pagar dividendos incluyen Tesla, Amazon, Alphabet y Facebook.

Tipos de Dividendos

Un dividendo es un pago en efectivo emitido a los accionistas de una compañía. Pero hay diferentes tipos de dividendos, algunos de los cuales no implican el pago de efectivo a los accionistas. A continuación se presentan los diferentes tipos de dividendos:

1. Dividendo en efectivo

La mayoría de los dividendos se consideran como dividendos en efectivo en forma de transferencia electrónica o cheque. El valor del dividendo en efectivo se transferirá de la empresa a los accionistas, en lugar de que éstos lo utilicen para su crecimiento u operaciones.

Otro efecto del dividendo en efectivo es que los receptores de los dividendos en efectivo deben pagar impuestos sobre el valor de distribución, lo que puede reducir su monto final.

Sin embargo, los dividendos en efectivo pueden ser beneficiosos para los inversores porque les proporcionarán ingresos pasivos regulares sobre su inversión, así como la posible apreciación de su inversión de capital.

Algunas de estas compañías que pagan dividendos en efectivo incluyen KFC, Texas Instruments, Lowe's y Colgate.

2. Dividendo de acciones

Una empresa puede decidir emitir un dividendo en acciones a sus accionistas. La mayoría de los dividendos en acciones son acciones comunes. Cuando una empresa emite menos del 25% del número total de acciones en circulación, entonces la transacción se considera como dividendos en acciones. Por otra parte, la transacción se considera como un fraccionamiento de acciones si es en una proporción mayor de las acciones en circulación.

Si una empresa decide emitir un dividendo del 5 por ciento de las acciones, aumentará el número de acciones en un 5 por ciento. Si es accionista de esta compañía, tendrá derecho a 1 acción por cada 20 acciones que posea, mientras que 1 millón de acciones le darán 50.000 acciones adicionales.

Sin embargo, esto no aumenta el valor de la compañía. Si el precio de las acciones de una compañía está a 10 dólares por acción, el valor de la compañía será de 10 millones de dólares. Después de la emisión del dividendo en acciones, el valor de la compañía seguirá siendo el mismo, pero el precio será menor a 9,50 dólares debido a la liquidación del dividendo en acciones.

Una de las principales ventajas de un dividendo en acciones es que tendrás la posibilidad de elegir. Puedes retener tus acciones y apostar que la empresa utilizará el efectivo para aumentar el precio de sus acciones, o puedes optar por vender algunas de tus acciones para convertirlas en efectivo.

Dividendo en efectivo vs. Dividendo en acciones

El dividendo en efectivo parece una mejor opción si quiere una recompensa automática por colocar tus inversiones en empresas específicas. Pero esto no siempre es cierto.

Es mejor para el accionista y la empresa elegir los dividendos de las acciones al menos una vez al año. Un dividendo en acciones es tan útil como el dinero en efectivo con la ventaja adicional de no tener que pagar impuestos al recibirlo.

Una de las principales razones para emitir dividendos en acciones en lugar de dividendos en efectivo podría ser que al hacerlo, una empresa y sus accionistas pueden establecer una conexión más fuerte con los inversores que adquieren más de la empresa con las acciones adicionales.

Siempre que no se combinen con una opción en efectivo, los dividendos de las acciones se consideran superiores a los dividendos en efectivo para algunos inversores. Sin embargo, sigo prefiriendo los dividendos en efectivo, porque con un dividendo en efectivo tengo la opción de reinvertir mi dividendo para comprar más acciones en la empresa, gastar mis ingresos por dividendos o puedo tomar los ingresos por dividendos y comprar acciones en otra empresa más rentable.

1. Dividendo de liquidación
Los dividendos liquidativos se emiten cuando el consejo de administración de una empresa decide devolver el capital originalmente pagado por los accionistas como dividendo. Este suele ser un indicador negativo porque a menudo se paga antes de que la empresa cierre.

Las empresas que emiten dividendos de liquidación pueden optar por pagar la factura en una o varias cuotas. Las compañías estadounidenses están obligadas a emitir el formulario 1099-DIV a todos sus accionistas que contiene toda la información sobre el pago.

Incluso con varios beneficios fiscales, la liquidación de los dividendos puede no ser suficiente para cubrir la inversión inicial, ya que la calidad fundamental de la empresa puede haberse desplomado considerablemente.

2. Dividendo del guión

Los dividendos del guión son emitidos por compañías que no tienen suficientes fondos para emitir dividendos a corto plazo. Este tipo de dividendo es un pagaré para pagar a los accionistas en una fecha determinada.

El pagaré crea un documento por pagar y puede o no incluir intereses.

3. Dividendo de la propiedad

Las empresas pueden optar por emitir el dividendo no monetario como alternativa al pago en acciones o en efectivo. Este tipo de dividendo de propiedad puede ser acciones de una organización subsidiaria o cualquier activo físico que la compañía posea, como bienes inmuebles, equipos o inventarios.

Los dividendos de los bienes se registran al valor de mercado del activo distribuido. Los inversores pueden optar por mantener el activo para posibles ganancias de capital, pero esto suele ser para una perspectiva a largo plazo, especialmente con los dividendos de bienes inmuebles.

Esta forma de esquema de pago es menos común en comparación con el sistema de dividendos en efectivo o en acciones. Desde una perspectiva corporativa, los dividendos de propiedad podrían ser distribuidos si la empresa principal no tiene suficiente dinero en efectivo a mano para distribuir los pagos significativos, o no quiere diluir su posición de acciones existentes.

Aunque se consideren dividendos no monetarios, los dividendos de propiedad siguen teniendo un valor monetario.

Cómo pagan dividendos las empresas

Las empresas suelen pagar dividendos en forma de cheque, pero algunas también emiten dividendos como opciones de compra de acciones. El proceso normal para el pago de dividendos es un cheque que a menudo se envía a los accionistas, pero en el mundo de hoy, si inviertes a través de una agencia de corredores de bolsa en línea, obtendrás tu dividendo depositado en tu cuenta.

Por otra parte, algunas empresas emiten acciones adicionales equivalentes al importe del pago de dividendos. Esta alternativa se conoce como reinversión de dividendos y a menudo se ofrece como una opción de pago de dividendos por parte de los fondos de inversión y las empresas individuales.

Tenga en cuenta que los dividendos son ingresos imponibles, independientemente de la forma en que los haya recibido.

Los Planes de Reinversión de Dividendos o DRIPs proporcionan varios beneficios a los inversores. Si quieres simplemente añadir a tu actual participación en el capital con cualquier fondo añadido de los pagos de dividendos, un plan puede simplificar el proceso en lugar de obtener el pago de dividendos en forma monetaria y luego utilizar el dinero para comprar más acciones.

Los planes de reinversión internos a menudo están libres de comisiones, porque no hay que pagar comisiones de corretaje. Esto lo hace atractivo para los pequeños inversores porque las comisiones son proporcionalmente mayores para compras de acciones más pequeñas. Una novedad interesante es que muchas de las firmas de corretaje actuales ya no cobran una comisión por la compra o venta de acciones. Dándole dinero extra para comprar aún más acciones.

Otra ventaja de un plan de reinversión es que algunas empresas ofrecen a los accionistas la oportunidad de comprar acciones adicionales en efectivo a un precio más bajo.

La reducción del precio puede ir entre el 1 y el 10% además del beneficio adicional de la exención de los honorarios del corredor. Así, puede comprar más acciones a un precio reducido sobre los inversionistas que compran acciones en efectivo a través de los honorarios del corredor.

Cuándo esperar el pago de dividendos

Si una empresa decide emitir dividendos, se notifica a los accionistas mediante un comunicado de prensa, y la noticia también se comunicará a través de los principales servicios de cotización de acciones para facilitar la referencia.

Tras el anuncio, se fijará un calendario o una fecha de registro, lo que significa que todos los accionistas en esa fecha tendrán derecho al pago. El día posterior a la fecha de registro se conoce como fecha ex, que se refiere a la fecha en que las acciones comienzan a cotizar ex-dividendo.

Por lo tanto, si adquiere acciones en una fecha anterior, no tendrá derecho al pago. Normalmente, la fecha de pago es 30 días después de la fecha de registro.

Cuando llegue la fecha de pago, la compañía depositará los dividendos en la Compañía Fiduciaria de Depósito (DTC). Los pagos son entonces distribuidos por la DTC a las compañías de corretaje en todo el mundo donde los accionistas tienen acciones de la compañía.

A su vez, las empresas de corretaje depositarán los pagos en efectivo en las cuentas de sus clientes o procesarán los planes de reinversión según las instrucciones del accionista.

Acciones preferentes vs. acciones comunes

Los accionistas preferentes suelen tener prioridad a la hora de reclamar las ganancias y los activos de la empresa. Esto abarca la emisión de dividendos, en la que los accionistas preferentes son pagados antes que los accionistas ordinarios.

Ventajas de la inversión de dividendos

Recibir dividendos puede ser visto como obtener un interés de tus ahorros bancarios. Puede ser bastante agradable, pero no proporciona la emoción de apostar por la subida y bajada de los precios de las acciones. A la gente le encanta la experiencia estimulante, especialmente cuando los precios están subiendo. Sin embargo, si eres un inversor conservador, las acciones con dividendos proporcionan varios beneficios sobre la inversión en acciones sin dividendos. La inversión de dividendos también es un proceso lento y constante de comprar constantemente más acciones de dividendos y reinvertir tus dividendos con el fin de aumentar tu riqueza.

Capítulo 2: Directrices para la inversión de dividendos

Las inversiones de dividendos, como cualquier otro nicho, tienen sus propias reglas. Piense en estas reglas como atajos para evitar cometer errores comunes. Estas reglas están respaldadas por la investigación académica y los principios de algunos de los mayores inversores del mundo. No piense que estas reglas son infalibles, ya que siempre habrá una excepción. Sin embargo, es bueno integrar estas reglas en tus decisiones de inversión diarias.

- **¡Siempre hay que ir a por la calidad!**

Un enfoque de inversión a largo plazo es una de las mejores ventajas que un inversor puede tener. Es una regla invertir en negocios que tengan estabilidad, ganancias y un historial probado de mostrar crecimiento. ¿Por qué deberías ir por un negocio mediocre, esperando que dé la vuelta, cuando puedes invertir en un negocio de alta calidad? Como regla financiera, deberías clasificar las acciones tanto por su historial de pago de dividendos como por su rendimiento fundamental.

- **El principio de la negociación**

Tu quieres comprar las empresas cuando se negocian con un descuento, pero recuerda que cuanto mayor sea el rendimiento de los dividendos, no siempre significa que esto sea mejor. Si una empresa pasa por un mal momento, el precio de sus acciones podría caer, lo que aumentaría el rendimiento de los dividendos. Siempre es bueno hacer algunas investigaciones adicionales sobre por qué la rentabilidad de los dividendos de una empresa es alta (por encima del 5%). Además de esto, evite invertir en valores con precios excesivos. Sólo debe tratar con acciones que coticen por debajo de un múltiplo de valoración histórica promedio de una década, que es el valor promedio de las acciones calculado sobre un período de diez años.

- **Siempre juega seguro**

Evitar las empresas que pagan todos sus ingresos como dividendos a los accionistas, ya que esto significa que la empresa no tiene ningún margen de seguridad, y los dividendos pueden reducirse en cualquier momento si la empresa tiene problemas financieros.

- **Reinvierte tus dividendos**

Esta es una regla que nunca debes romper. El poder de reinvertir tus dividendos no puede ser socavado. Poner tus dividendos de nuevo en funcionamiento puede hacer maravillas para tu cartera. ¿Qué más? Puedes hacer uso de los programas de reinversión, que a menudo te permiten reinvertir tus pagos automáticamente sin pagar una comisión.

- **No has de los dividendos tu única prioridad**

Los dividendos son una parte indispensable de la inversión. Sin embargo, los dividendos no son la métrica todopoderosa a la que hay que atenerse. Los inversores deben prestar atención a los diferentes fundamentos que a menudo están en juego en las inversiones. Fundamentos como las ganancias, la deuda a corto y largo plazo, y los crecimientos de las ganancias son sólo algunas de las métricas financieras a las que hay que prestar atención. Recuerda mirar más allá de los rendimientos de los dividendos y asegúrese de entender el patrón de crecimiento de la empresa y el modelo de negocio.

- **Siempre hay que estar atento a los dividendos especiales**

Una de las ventajas de las inversiones de dividendos es la capacidad de las empresas de iniciar el pago de un dividendo único. Cuando se buscan acciones para comprar, estos pagos de dividendos únicos a menudo engañan a los inversores. Durante los pagos de dividendos únicos, las acciones de una compañía pueden parecer más prometedoras de lo normal. Un buen ejemplo es Microsoft (MSFT), que emitió un pago de dividendo único en 2004.

Fue un fuerte contraste con los dividendos normales. Los dividendos normales de Microsoft variaban entre 0,3 y 0,5 dólares, mientras que los dividendos únicos eran de 3 dólares por acción. Muchos recursos calculan el pago de dividendo único como un rendimiento anual.

Si incluyéramos el pago de dividendos especiales, el rendimiento anual de Microsoft para 2004 habría sido del 13,78%, en lugar del 0,38% de los dividendos normales. Como pueden ver, la cifra fue suficiente para confundir a los inversores que no habían comprobado y analizado las estadísticas de rendimiento.

- **Usar el principio de supervivencia del más fuerte**

Vende tus acciones cuando el pago de dividendos se reduzca o se acorte, es así de simple. Las investigaciones realizadas entre 1972 y 2017 mostraron que las acciones que recortan o reducen el pago de sus dividendos tienen una recuperación del 0%. Si tus dividendos se reducen o se dejan de pagar, esto va en contra de los principios de generación de ingresos pasivos. Es lo contrario de lo que pretendemos. Cualquier empresa que reduce sus dividendos ha perdido potencialmente su ventaja competitiva.

Por lo tanto, quieres reinvertir el producto de tu venta en una empresa de primera línea más rentable. Es muy importante recordar esta regla. No quieres enamorarte de una compañía, porque usas sus productos diariamente o tienes un buen presentimiento sobre la compañía.

Capítulo 3: Uso de los fondos para invertir

Una de las principales cosas que se requiere es que diversifiques tu cartera de inversiones. Esto se debe a que la diversificación le protege de las inevitables caídas que van a experimentar una o más acciones de su cartera. Así que, imagina que tienes una cartera con cinco acciones en ella. Si dos de ellas se hunden, eso significa que has perdido una proporción sustancial de tu inversión.

Por otra parte, si se tuvieran de 20 a 40 acciones y dos se redujeran, se puede ver que las consecuencias generales para tu cartera se habrían minimizado.

Tener una cartera ampliamente diversificada significa que la mayoría de tus inversiones saldrán intactas, y algunas de ellas crecerán más que otras, lo que compensará cualquier pérdida que puedas sufrir.

Pero como mencionamos, hay un límite a lo que la mente humana puede manejar a menos que te conviertas en un inversionista profesional. La mayoría de los inversores no van a tener la capacidad de trabajar a tiempo completo en la gestión de tu cartera de acciones. Y como también mencionamos, como resultado de esto, la mayoría de los expertos creen que tener tal vez 20 acciones es el máximo que un inversionista individual debe mantener en su cartera.

Sin embargo, hay otra manera de enfocar la inversión. Esto es a través del uso de fondos. Hay dos tipos básicos de fondos que se pueden utilizar. Estos son los fondos mutuos y los fondos cotizados en bolsa. Nuestra preferencia es por los fondos cotizados por razones que se aclararán a medida que avancemos en el capítulo. Sin embargo, los fondos mutuos son lo primero, por lo que explicaremos el concepto de un fondo que utiliza fondos mutuos antes de llegar a los fondos cotizados.

De cualquier manera, el principal beneficio de usar los fondos para invertir es que se obtiene una diversidad automática. Algunos fondos rastrean los principales índices bursátiles. Pero hay todo tipo de fondos que rastrean todo, desde metales hasta bienes raíces y energía. Es totalmente posible construir una cartera bien diversificada que se centre en múltiples sectores de la economía y le dé inversiones en múltiples acciones.

Por supuesto, mucha gente disfruta escogiendo acciones individuales para invertir. Pero una vez más, no hay escenarios opuestos cuando se trata de invertir. El hecho de que estés invirtiendo en fondos no significa que no puedas dedicar parte de tu dinero de inversión a elegir acciones individuales. La forma en que se establezca finalmente tu cartera será una elección personal. Cuando empecemos a mirar algunos de los fondos disponibles en el mercado bursátil, veremos que muchos de ellos son adecuados para alcanzar los objetivos que probablemente tengas en lo que se refiere a la inversión de dividendos. Por lo tanto, los detalles de cómo se establece tu cartera van a depender totalmente de ti. Algunas personas pueden optar por ir totalmente con los fondos, mientras que a otros no les gustará el estilo y se quedarán con la elección de acciones individuales. Pero existe la posibilidad de tener ambos en tu cartera de inversiones.

Así que, puede decirse que dediques el 40% de tu cartera a acciones individuales y dediques el 60% a fondos cotizados de diversos tipos. O en su lugar, puedes dedicar el 70% en acciones individuales y el 30% a fondos cotizados. No hay una respuesta correcta a esta pregunta, y tendrás que decidir cómo establecer esto dependiendo de cuánto riesgo quieres poner en las acciones individuales o cuán averso al riesgo eres tu y es más probable que elijas el tipo de fondo de inversión.

Fondos Mutuos

Entonces, ¿qué es un fondo? Imaginemos un inversor llamado Bob. Digamos que Bob tuvo una idea brillante cuando intentaba invertir en acciones. Se le ocurrió a Bob que una de las mejores maneras de invertir en el mercado sería invertir en las 500 empresas del S&P 500. Bob intenta hacer esto, comprando una acción a la vez. Muy pronto se dio cuenta de que para un inversor, esto era simplemente una tarea imposible. No pudo conseguir el capital suficiente para hacerlo.

Entonces, ¿cuál fue la idea que se le ocurrió a Bob? Bob se dio cuenta de que podía acercarse a 10 de sus amigos y sugerirles que juntaran su dinero en un fondo. De esa manera, Bob tendría diez veces más poder adquisitivo del que tendría por sí mismo.

Digamos que los amigos de Bob ponen un millón de dólares cada uno para crear este fondo. Ahora, Bob tiene 11 millones de dólares, incluyendo su parte, para invertir en las 500 acciones que componen el S&P 500. A cambio de sus inversiones, Bob siguió el modelo de una compañía que emite acciones. Así que dividió los 11 millones de dólares en partes que llamó unidades. Era descuidado con su lenguaje, así que a veces las llamaba acciones pensando en el mercado de valores en general.

Luego, hizo que cada acción de la unidad valiera 100 dólares. Así que, para que sus amigos pusieran un millón de dólares, les dio 10.000 acciones en el fondo. Dijo que era mutuo, ya que el fondo fue creado para el beneficio de todos los inversores. Y así, Bob inventó el fondo de inversión.

Cada noche, Bob compraba y vendía acciones para mantener el fondo lo más rentable posible. Bob comenzó a ser más sofisticado en su enfoque. Pensó que reequilibrando sus inversiones para enfatizar las acciones de crecimiento, podría hacer que su fondo creciera a un ritmo más rápido cada año, comparable al crecimiento del S&P 500. Para ser compensado por este trabajo extra que estaba haciendo, Bob cobró a sus inversores una pequeña comisión.

Por supuesto, la historia es ficticia. Pero te da una idea básica de lo que es un fondo de inversión. Es simplemente un fondo común de dinero recaudado de múltiples inversores. Por supuesto, un fondo de inversión real va a tener mucho más dinero que sólo 10 millones de dólares. Pero el concepto es el mismo.

Tipos de Fondos Mutuos

Los fondos de inversión no tienen que invertir en acciones. Hay muchos tipos de fondos de inversión. Los fondos de acciones son los tipos de fondos mutuos más comunes o conocidos. Dentro de la categoría de los fondos de acciones, hay una amplia gama de opciones disponibles. Así, por ejemplo, se puede invertir en fondos mutuos que se centran sólo en acciones de crecimiento. El objetivo de ese fondo sería obtener ganancias financieras mediante una apreciación de capital que superara la media del mercado.

Otros fondos pueden especializarse en diferentes industrias, segmentos o sectores. Uno de los tipos de fondos de inversión más populares es el que sigue un índice del mercado de valores. Al igual que en nuestro ejemplo anterior, hay muchos fondos mutuos y fondos cotizados en bolsa que rastrean el S&P 500. También se pueden encontrar fondos que siguen el promedio industrial del Dow Jones, el NASDAQ, o el Russell 3000.

Algunos fondos de inversión sólo invierten en acciones que pagan dividendos. Pero como veremos más adelante, muchos tipos diferentes de fondos pagarán dividendos.

Hay otros tipos de inversiones que pueden hacerse a través de fondos mutuos y utilizando fondos cotizados en bolsa. Por ejemplo, se puede invertir en un fondo de mercado monetario, que puede ser una mezcla de inversiones en bonos del gobierno de EE.UU., bonos municipales e inversiones bancarias.

Los fondos mutuos de bonos invertirán en diferentes tipos de bonos corporativos, estos pueden ser de mayor riesgo, pero pagan tasas de interés más altas. El riesgo para el inversor individual será relativamente bajo. Esto se debe a que cada fondo va a invertir en cientos o miles de valores individuales.

Los fondos mutuos tienden a ser administrados profesionalmente. Un administrador de fondos va a elegir los valores que están en cada fondo. A medida que pasa el tiempo, el gestor del fondo puede comprar y vender acciones como considere oportuno para tratar de mantener la diversión a un alto nivel. Algunas personas no quieren involucrarse demasiado en el mercado de valores; por ejemplo, el fondo mutuo está gestionado profesionalmente.

De la forma en que lo ven, pueden evitar involucrarse demasiado en la inversión. Por cualquier razón, pueden no querer participar activamente en la gestión de sus acciones y otras inversiones.

Sin embargo, los fondos de inversión tienen muchos inconvenientes. Una de las desventajas es que esta gestión profesional tiene un precio. Muchos fondos mutuos cobran un gran número de comisiones que pueden sumarse con el tiempo y reducir sus beneficios. Otra desventaja de los fondos de inversión es que sólo operan una vez al día después del cierre del mercado. Por lo tanto, si ves un gran movimiento en el mercado de valores, ya sea un gran aumento en el precio o un colapso, cuando estás en un fondo de inversión, no puedes responder a ese gran cambio hasta después del cierre del mercado. Por supuesto, puedes llamar tu orden o colocarla en línea, pero no se ejecutará hasta después de que el mercado haya cerrado.

Algunos fondos de inversión también cobraban tarifas costosas llamadas cargas. A lo que esta cantidad se refiere es que se le cobra una comisión cada vez que compra o vende acciones. Por lo tanto, para usar un ejemplo específico, si tu invirtieras miles de dólares en un fondo mutuo pero tuviera una carga del 5%, eso significaría que sólo estarías poniendo $950 en tu inversión, bueno el fondo sacaría $50 de la parte superior como comisión. Honestamente, esto es difícil de asimilar en el mundo de hoy.

Puede encontrar un fondo cotizado que hará un seguimiento de casi las mismas inversiones que cualquier fondo mutuo, y puede comprar acciones del fondo cotizado con cero comisiones cobradas por el corredor de bolsa. Un corredor de bolsa que no cobra comisiones en todos los fondos cotizados es Robin Hood. También hay algunos otros que puede investigar.

Si escarbas en los fondos de inversión, verás que los salmos se anuncian como fondos sin carga. Este tipo de fondos de inversión no cobran la comisión de venta conocida como la carga. Sin embargo, estos fondos pueden seguir cobrando otras comisiones. Los fondos que cobran una carga pueden cobrar honorarios por encima de la carga. Al investigar los fondos mutuos, puede buscar todas las comisiones que cobran, que deben ser reveladas en el prospecto.

Los fondos de inversión casi sin carga van a tener requisitos específicos para que inviertas. Por ejemplo, podrían requerir que mantengas tu dinero en el fondo durante un número determinado de años. Los fondos mutuos también pueden tener requisitos para una cantidad inicial invertida. En consecuencia, esto podría impedir que los pequeños inversores que están empezando a participar en los fondos mutuos.

Por lo tanto, para resumir, los fondos mutuos tienen varios beneficios. Entre ellos figuran una fuerte diversificación y exposición a muchos sectores diferentes. Los fondos mutuos también permiten invertir en múltiples tipos de valores financieros, como los bonos. Sin embargo, los fondos mutuos tienen muchas desventajas. Las principales desventajas incluyen el tener que esperar hasta después del cierre del mercado para negociar las acciones, y, muchos honorarios y comisiones de venta. También puede enfrentarse al problema de tener que invertir una cantidad mínima de capital para empezar.

Fondo de comercio de divisas
Por supuesto, mucha gente se da cuenta de los inconvenientes de los fondos de inversión a través de los años. Así que no es sorprendente que algunas personas pensaran en tomar las buenas características de los fondos de inversión y crear un tipo diferente de fondo que se librara de los inconvenientes. Este fue el nacimiento del fondo cotizado en bolsa.

Lo primero que hay que tener en cuenta es la debilidad de los fondos de inversión, causada por el hecho de que

no se comercian durante el día.
Imaginen que el mercado de valores de
repente tuviera un repunte. Puede que
quieras entrar en más acciones.
Alternativamente, el mercado de valores
podría estar cayendo, y a las 10:00 AM,
decides que quieres salir. El problema
es que con un fondo de inversión, tus
órdenes no serán atendidas hasta
después del cierre del mercado. Y quién
sabe cuánto dinero podría perderse o
perderse como resultado del retraso.

El primer cambio realizado fue crear un
fondo que se estableció de la misma
manera que un fondo mutuo, ya que era
muy diverso. Sin embargo, el fondo de
inversión, como su nombre indica, se
negocia en tiempo real en los mercados
de valores. Si bien no se puede decir
que un fondo cotizado en bolsa sea una
acción porque no es una inversión en
una sola empresa, los fondos cotizados
en bolsa ofrecen acciones
comercializadas exactamente igual que
las acciones.

Estas se cotizan en la bolsa de valores
con un teletipo, y puedes comprar y
vender tantas acciones como quieras, y
puedes hacerlo cuando quieras. Es
decir, puedes negociarlas durante las
horas en que el mercado está abierto.

Otro beneficio es que los fondos cotizados en bolsa no tienen una inversión mínima requerida que el precio requerido para comprar al menos una acción. Mientras que algunos fondos de inversión pueden requerir que pongas 5.000 dólares sólo para entrar en la puerta, si sólo quieres gastar 85 dólares para comprar un fondo cotizado comprando una sola acción, puedes hacerlo. Y dos horas más tarde, si estás cansado o crees que cometiste un error, podrías vender esa acción.

Los fondos cotizados en bolsa también prescinden de todas las comisiones asociadas a los fondos de inversión. Puede que se cobre una pequeña cantidad de comisiones, pero francamente, son minúsculas comparadas con las que cobran los fondos de inversión. Así que, el comercio de fondos negociados en bolsa se reduce a algo que no es tan diferente de las acciones de Facebook o Apple. Si inviertes 1000 dólares, estarás invirtiendo 1000 dólares. No va a ser como un fondo mutuo cargado que cobra una comisión de la parte superior.

Y como hemos señalado, ya que los fondos cotizados en bolsa se negocian como las acciones, si hay un gran movimiento del mercado durante el día, se puede aprovechar al máximo. También puedes comprar opciones contra los fondos negociados en bolsa y negociarlas. Las opciones están fuera del alcance de este libro, por lo que no vamos a discutir los detalles, pero algunas de las opciones más populares son las opciones negociadas en fondos negociados en bolsa.

Los ETF tienen diversificación
En cuanto a la forma en que se realizan las inversiones, los fondos cotizados en bolsa son bastante similares a los fondos mutuos. Una gran cantidad de dinero se reúne y se utiliza para comprar acciones. Si compraras acciones en un fondo de inversión que rastrea el S&P 500, estaría comprando acciones de las 500 compañías. Un fondo cotizado puede hacer esto porque tiene un gran fondo de dinero reunido de miles o más inversionistas, algunos de los instrumentos financieros más populares y más negociados hoy en día, nuestros fondos cotizados.

Los primeros fondos negociados en bolsa salieron al mercado hace unos 30 años. Desde entonces, han explotado en popularidad y en el número de fondos disponibles. Cualquier cosa en la que puedas pensar en invertir tiene un fondo cotizado asociado. Por lo tanto, hay fondos negociados en bolsa que siguen todos los principales índices bursátiles. Hay fondos negociados en bolsa que rastrean los metales preciosos, y también puedes invertir en fondos que rastrean los bienes raíces, la energía, los bienes raíces comerciales, el sector de la salud y muchas otras áreas.

Para los dividendos e inversiones, los fondos cotizados en bolsa son una excelente adición a tu cartera. Sería completamente razonable invertir sólo en fondos cotizados. O, como mencionamos en la introducción, podría desarrollar una amplia cartera que fuera una mezcla de fondos cotizados y acciones individuales.

Pero cuando empieces a investigar esto, te darás cuenta de que muchos fondos cotizados pagaron dividendos. Lo que sucede es que cobrarán dividendos de todas las inversiones del fondo. Y entonces tu como el inversionista se te pagará un pago de dividendos que es en proporción a tu participación en el fondo.

En muchos fondos de índices, el rendimiento puede no ser tan alto como en el caso de algunas acciones individuales. Sin embargo, todavía va a ser relativamente competitivo, y puedes invertir en muchos fondos de índice que tienen rendimientos similares a los de Apple. Acabamos de mencionar a Apple de nuevo para usarlo como ejemplo.

Sin embargo, a diferencia de invertir en Apple por sí mismo, cuando inviertes en fondos cotizados en bolsa, estás invirtiendo en cientos de empresas a la vez. Cuando compras una acción del fondo de inversión, estás comprando una pequeña fracción de la acción de algunas de las empresas que están representadas por el fondo.

Otra ventaja que tienen los fondos cotizados en bolsa en relación con los fondos mutuos es una mayor liquidez. Los fondos mutuos son relativamente líquidos. Pueden vender sus acciones y sacar dinero en efectivo, generalmente más tarde en el día. Sin embargo, recuerda que sólo puedes comerciar con fondos mutuos después de que el día de negociación haya terminado. Por el contrario, como puedes operar con fondos cotizados en cualquier momento, esto significa que los fondos cotizados son super líquidos. Incluso puedes operar en el día con fondos negociados en bolsa.

Usando los ETFs para obtener ingresos de valores no accionarios
Los fondos cotizados en bolsa son como los fondos de inversión en que puedes usarlos para invertir en prácticamente cualquier cosa. Así que, cuando empieces a investigar, te darás cuenta de que los fondos cotizados están disponibles para una acción o índice determinado. También vas a notar que puedes invertir en oro o en la minería de oro, o puedes invertir en bonos de alto rendimiento, por ejemplo. Las posibilidades son infinitas, y por esta razón, mucha gente sólo invierte en fondos cotizados.

ETFs que pagan dividendos
Muchos ETFs pagan dividendos. La forma en que se maneja esto es que el ETF recoge todos los dividendos de las acciones que pagan dividendos en el fondo, y luego los divide por acción. Así que imaginemos que tenemos un simple fondo cotizado con 100 acciones en el fondo. Además, para simplificar, imaginaremos que hay 100 acciones en el fondo.

Capítulo 4: Beneficios de la inversión en dividendos

A continuación se exponen algunas de las razones por las que es beneficioso para los inversores elegir las acciones de dividendo:

1. Ingresos pasivos

Los dividendos de las acciones pueden proporcionarte un flujo regular de ingresos pasivos, y puedes optar por reinvertirlos o gastarlos. Este es el principal beneficio que atrae a muchos jubilados que buscan ingresos suplementarios.

2. Menor riesgo

Las acciones de dividendos tienen una menor volatilidad en el precio de las acciones y suelen tener una menor relación riesgo-recompensa. Debido a estos beneficios, las acciones de dividendos pueden experimentar un descenso menos agresivo del precio de las acciones durante una caída del mercado. La menor volatilidad también puede atenuar la apreciación del precio de las acciones durante la recuperación del mercado.

3. Empresas más estables

Las empresas de primera línea más estables suelen pagar dividendos por sus acciones. Las empresas de nueva creación no suelen pagar dividendos ya que necesitan reinvertir la mayor parte de sus beneficios para mantener el crecimiento. El consejo de administración decidirá pagar dividendos sólo cuando la empresa haya alcanzado un nivel de éxito sostenible. Mientras tanto, la necesidad de distribuir dividendos obligará a la dirección a ser más responsable.

4. Cobertura contra la inflación
La inflación es el principal enemigo de las ganancias de las inversiones en acciones. Una tasa de inflación moderada podría afectar enormemente tus beneficios. Incluso si ganas un 10% de retorno, una inflación del 3% puede resultar en sólo un 7% de ganancias. Los dividendos pueden compensar esta pérdida. A medida que las empresas aumenten sus precios debido a la inflación, ganarán más dinero y pagarán mayores dividendos.

5. Baby Boomer Boost
El precio de las acciones de dividendo podría subir, ya que la demanda de las mismas aumentará debido a que los "baby boomers" llegan a la jubilación y buscan fuentes de ingresos suplementarios. Aunque esta es una

proyección algo elevada, sigue siendo una proyección, y no hay garantía de que esto suceda. Sin embargo, la probabilidad de que esto ocurra es mucho mayor.

6. Rendimientos positivos en los mercados de valores

Las empresas que pagan dividendos seguirán pagando sus cuotas incluso en los mercados bajistas cuando los precios de las acciones están cayendo o son planos. Los dividendos pueden ayudar a compensar cualquier pérdida por la caída de los precios de las acciones.

7. Dos maneras de obtener beneficios

El rendimiento de las acciones de los dividendos podría aumentar cuando las empresas paguen dividendos y aumenten el precio de las acciones. La única manera de obtener retornos positivos de las acciones sin dividendos es a través de la apreciación del precio de las acciones - comprando bajo y vendiendo alto, o vendiendo en corto.

8. Dinero en efectivo para comprar más acciones

Si compras acciones en una empresa que no paga dividendos, sólo puedes obtener más acciones si las compras con tus ingresos. Sin embargo, si inviertes en acciones con dividendos, puedes comprar acciones adicionales a través de la reinversión de todos o algunos de tus dividendos. No hay necesidad de usar el dinero de tu bolsillo para comprar más acciones. La mayoría de los inversionistas también están inscritos en programas especiales, que les permiten reinvertir sus dividendos automáticamente.

9. Retención de la propiedad y cobro de beneficios

Entre los aspectos más decepcionantes de poseer acciones sin dividendos es que todos tus beneficios están bloqueados en la inversión. Sólo puedes acceder a tus beneficios vendiendo algunas de tus acciones. A través de las acciones con dividendos, puedes mantener la propiedad de la compañía mientras sigues cobrando tus ganancias.

Si bien las acciones con dividendos plantean menos riesgos que las acciones sin dividendos, también entrañan cierto riesgo y pueden no ser adecuadas para todos los tipos de inversores. Además de los beneficios, también debe comprender los inconvenientes de la inversión de dividendos. Esto le ayudará a decidir si este tipo de inversión en el mercado de valores es adecuado para ti.

Cada vez que se firma un acuerdo de inversión con un intermediario, como un administrador de fondos de inversión o un corredor, normalmente se lee un largo descargo de responsabilidad sobre los resultados no garantizados. En pocas palabras, puedes ganar dinero de tus inversiones hoy, pero no hay certeza de que sea el mismo caso mañana. Como cualquier otro tipo de inversión, la inversión de dividendos también conlleva cierto riesgo.

Desventajas de la inversión de dividendos

1. Alto riesgo de pago de dividendos

Invertir en acciones con un alto índice de pago de dividendos conlleva un riesgo. Toma nota de que el coeficiente de distribución de dividendos de la empresa refleja la cantidad de tus beneficios que se utilizan para reinvertir en el crecimiento, pagar tus deudas, servir de reserva de efectivo en comparación con la cantidad que se paga a los accionistas.

Puede ser un delicado acto de equilibrio para la mayoría de las empresas calcular el porcentaje de sus beneficios que se destinará a los dividendos. Seguramente les gusta atraer y retener a los inversores con altas remuneraciones, pero también necesitan conservar una cantidad suficiente de sus ganancias para apoyar un mayor crecimiento y, al mismo tiempo, mantener su capacidad de aumentar el dividendo en el futuro.

En realidad, una vez que la relación de pago de dividendos de una empresa se vuelve demasiado alta para la sostenibilidad, esto puede obligar a la empresa a reducir o cancelar los pagos por completo.

2. Cambios en la política de dividendos

La política de dividendos se refiere al plan de la empresa para calcular el monto de los dividendos y cualquier posible aumento basado en las ganancias proyectadas. Una vez que una compañía hace cambios en la política, específicamente aquellos que resulten en la reducción o cancelación de los pagos, perjudicará el precio de sus acciones.

Basado en la teoría del efecto clientelar, el precio de una acción está fuertemente conectado a la reacción de los inversores a los cambios de política de la compañía. Así que, cuando estos cambios ocurran, muchos inversores venderán sus acciones de la compañía.

Cuando una empresa se ve obligada a cancelar sus dividendos por cualquier motivo, puedes perder tus ingresos pasivos.

3. Doble Imposición

Otra desventaja de invertir en acciones de dividendos es que los pagos están sujetos a doble imposición.

En primer lugar, hay que pagar impuestos cuando se reciben los pagos porque la empresa que emite los dividendos de tu beneficio neto tiene que pagar impuestos sobre tus ganancias anuales. Estas ganancias generan los pagos de dividendos de la compañía.

En segundo lugar, tienes que volver a pagar impuestos cuando recibes los pagos como ingresos personales que has ganado durante un determinado año fiscal.

Por lo tanto, tu estás pagando impuestos dos veces como individuo y como copropietario de una empresa.

En general, la inversión en dividendos es menos arriesgada que la inversión en acciones sin dividendos. Sin embargo, antes de que pueda maximizar los beneficios de este tipo de inversión, debe estar muy familiarizado tanto con los beneficios como con los inconvenientes antes de comprar tus primeras acciones.

Gestión de riesgos en la inversión de dividendos

Siempre existe el riesgo de invertir en el mercado de valores debido, en parte, a su naturaleza impredecible y variable. Dicho esto, varios factores pueden aumentar el riesgo, algunos están bajo tu control y otros no.

Aunque no podemos eliminar el riesgo, todavía es posible minimizar nuestra exposición siendo más consciente de los factores que influyen en el comportamiento del mercado. Como un inversor inteligente, puede manejar los riesgos de la inversión de dividendos

tratando con factores que puede
controlar.

1. Diversificando tus inversiones
Nunca debes invertir todo tu dinero en
una sola acción de la compañía sin
importar lo prometedor que sea el
negocio. Sus competidores pueden
dominar el mercado. La dirección puede
ser corrupta o incompetente. O la
empresa o toda su industria puede
perder el favor de los inversores por
cualquier razón. Esto está fuera de tu
control.

Lo bueno es que tienes un control
absoluto sobre dónde quieres verter tu
dinero. Puedes minimizar enormemente
el riesgo repartiendo tus inversiones en
diferentes acciones.

2. Minimizar el error humano
El error humano es el mayor factor de
riesgo en la inversión de dividendos, y
puede resultar de lo siguiente:
- La falta de conocimiento
- Una estrategia de inversión y
  objetivos de inversión
  desalineados
- Investigación y análisis
  insuficientes

- Usar las emociones por encima de la lógica en la elección de las acciones
- Falta de seguimiento de las condiciones del mercado
- Permitir que el pánico y el miedo influyan en las decisiones de inversión

Hacer la debida diligencia es la mejor manera de eliminar el error humano. Ciertamente sabes el riesgo que implica no estar preparado si has tomado un examen para el que no has estudiado. Aparte de la inquietante sensación de no saber las respuestas correctas, experimentarás un pánico que no ayudará a tu situación.

3. Usar la razón sobre la emoción
La Hipótesis del Mercado Eficiente es una de las teorías prevalecientes sobre la mecánica detrás del mercado de valores. Esta hipótesis describe a los inversores como personas lógicas capaces de entender toda la información disponible en el mercado para tomar decisiones razonables para obtener los máximos beneficios. Sin embargo, la mayoría de las personas no son lógicas o racionales.

Muchos inversores compran acciones basándose en los consejos de sus familiares o amigos y a veces de personas que no conocen. Algunos inversores compran o venden sus acciones por lo que han oído en las noticias o porque una nueva empresa está fabricando un producto que adoran, y están seguros de que será un gran éxito en el mercado. No saben nada sobre la historia de las acciones, su gestión, o la empresa en su conjunto. Para gestionar eficazmente los riesgos en la inversión de dividendos, es mejor evitar estas tres grandes emociones: Amor, Miedo y Avaricia.

El amor:
Nunca debes enamorarte de tus inversiones. Recuerda, son activos sin vida que no son capaces de devolverle el amor. Pero, curiosamente, pueden traicionarte y herirte.

Algunos inversores están enamorados de la empresa en la que tienen acciones y se niegan a venderla incluso cuando los indicadores muestran que el valor inherente de la empresa se ha deteriorado, y el precio de las acciones está cayendo. Es necesario rescatar cuando una acción cae bruscamente. Revisa tus acciones regularmente y examina cada inversión en su rendimiento reciente. Si no contribuye al crecimiento de tu cartera, puedes vender tus acciones, algo que puedes hacer fácilmente porque las acciones son muy líquidas.

Miedo:
Los inversores que experimentaron pérdidas de dinero en el mercado de valores son susceptibles de temer que los paralice para tomar cualquier acción. En lugar de asumir algún riesgo con inversiones de alto potencial, prefieren poner su dinero en inversiones seguras con bajas tasas de rendimiento.

La ambición:
La ambición es lo opuesto al miedo. La mayoría de los inversores que han ganado mucho dinero en el mercado de valores normalmente querrían más. Algunos inversionistas son vulnerables al efecto "bandwagon", vertiendo su dinero en las compañías e industrias "más calientes". Los inversionistas ambiciosos usualmente tienden a invertir en instrumentos que no entienden completamente y luego caen en la trampa de aumentar sus inversiones para tratar de recuperar sus pérdidas.

Capítulo 5: Preparación y planificación de la inversión de dividendos

Prepararse para empezar a invertir requiere una cierta mentalidad. Debes asegurarte de prepararte mentalmente para estar listo para invertir en la oportunidad adecuada y elegir la inversión de dividendos correcta para tu cartera. Por ejemplo, no puedes entrar en ella pensando que vas a ganar mucho dinero desde el principio.

La inversión de dividendos es una estrategia de inversión que se centra en el enfoque a largo plazo de comprar y mantener activos, en este caso acciones, lo que te permitirá aumentar tu riqueza paso a paso. La inversión de dividendos no es una estrategia rápida para hacerse rico, pero proporciona estabilidad y un aumento constante de tus ingresos por dividendos. Muchos inversores diligentes de dividendos que se mantienen en su estrategia son capaces de lograr su objetivo de vivir de sus ingresos pasivos a través del pago de dividendos.

Outlook
Siempre tenga una perspectiva positiva al invertir. Tenga en cuenta que cometerá errores. Cometer errores le

pasa a los mejores de nosotros. Es la forma en que te recuperas de tus errores, lo que determinará un resultado exitoso al invertir.

Los errores deben ser vistos como un momento de aprendizaje o de enseñanza. Aprende de tus errores e intenta no volver a cometer los mismos.

Un gran error que cometen muchos inversores de dividendos es sólo prestar atención a una empresa de alto rendimiento de dividendos y no investigar por qué es tan alto para esta empresa. Un alto rendimiento de dividendos no significa necesariamente que algo malo esté sucediendo en la compañía, pero es por eso que se debe investigar más.

Metas
Tener metas para su ingreso pasivo y su inversión de dividendos. Sepa lo que quiere hacer en ingresos de dividendos, cuán cómodo quiere estar y si quiere hacer de esto una carrera a tiempo completo. Si te fijas metas para ti mismo cuando se trata de invertir dividendos, puedes entonces desglosar esas metas y calcular exactamente cuánto necesitas invertir para obtener $1,000,

$10,000 o incluso más por mes en ingresos por dividendos.

Está perfectamente bien si tienes que cambiar tus objetivos. Las cosas inesperadas siempre suceden en la vida, pero asegúrate de que te haces responsable de los objetivos que te has propuesto, evaluándolos frecuentemente y viendo si estás en el camino correcto para alcanzarlos.

Crece y mantén tus ingresos

Hacer crecer tu riqueza con ingresos pasivos y mantenerla son dos historias diferentes. Esta puede ser la parte más difícil de la inversión de dividendos y es a menudo la parte en la que todo el mundo se equivoca y pierde el dinero que ha ganado. Es mejor que estés preparado para tu ingreso pasivo.

- **Sálvalo.**

Lo más fácil que puedes hacer con los ingresos que obtienes es ahorrarlos. Es una buena idea tratar de ahorrar hasta el 50% de lo que gane con los ingresos pasivos. Ahorra este dinero para que lo tengas más adelante en caso de una emergencia. Tener algo de dinero ahorrado también te da algo de tranquilidad. Sin embargo, no es recomendable ahorrar demasiado dinero ya que podría haber sido invertido para aumentar su riqueza. Una buena regla general es ahorrar entre 3 y 6 meses de ingresos.

- **Alto interés**

Una buena manera de ahorrar su dinero es encontrar una cuenta de ahorros de alto interés. Esta puede ser de su banco, en línea, o incluso un CD que le hará ganar más dinero. Lo mejor de las cuentas de ahorro de alto interés es que son otra forma de ingreso pasivo. No tienes que hacer nada más que poner tu dinero en esta cuenta. Ahora, concedido, puede que sólo gane un 1% o menos en intereses de su cuenta de ahorros, pero este dinero es líquido, lo que le permite retirarlo en un momento dado.

- **Gástalo**

Si tiene un plan o presupuesto para gastar sus ingresos por dividendos, será menos probable que los gaste en cosas que no necesita. Si se da una cantidad fija de dinero, será menos probable que gaste de manera imprudente y haga compras de las que se pueda arrepentir más adelante, después de que se le haya acabado el dinero de su cheque de dividendos.

Puede parecer contrario a la intuición, pero incluso puedes ahorrar dinero que puedes gastar en cosas que no quieres. Esto es dinero "soplado" que puedes gastar en cualquier cosa, desde nuevos tacones altos hasta un galón de helado en la tienda de comestibles. El dinero es tuyo para que lo uses como quieras, y te ayudará a presupuestarlo. Descubrirás que cuanto más dinero ganes, más difícil será presupuestarlo. Mantén una regla del 10% para tu dinero de "golpe" para asegurarte de que no se te va de las manos. Esto te ayudará a mantener tus gastos bajo control.

- **Inviértelo**

La reinversión del dinero que ha ganado de su inversión inicial es una de las formas más fáciles de aumentar la riqueza que ya ha obtenido de la inversión de dividendos.

Hay dos maneras de enfocar esto. Puede reinvertir sus ingresos por dividendos para comprar más acciones en las mismas empresas, también llamado DRIP, o puede invertir sus ingresos por dividendos en nuevas empresas que aún no tiene en su cartera.

- **Pruebe cosas nuevas**

Si tienes dinero que quieres usar e invertir, pero no quieres seguir invirtiendo en dividendos, siempre puedes probar un tipo de inversión diferente.

Probar un fondo índice será una excelente manera de ganar la mayor cantidad de dinero además de lo que ya has ganado. También puedes considerar algo como un REIT. Cambiarlo y probar algo diferente puede cambiar el portafolio que tienes y darte la variedad que necesitas para asegurarte de que tu portafolio esté diversificado.

También podrías probar con otra clase de activos como los bienes raíces. Como siempre, asegúrese de hacer su debida diligencia antes de lanzarse a una nueva empresa.

Capítulo 6: Estrategias de inversión a largo plazo

Discutamos las estrategias que son útiles para el éxito de las inversiones a largo plazo. Estas estrategias son bien conocidas y han demostrado una y otra vez su eficacia. El propósito de estas estrategias es reducir el riesgo inevitable que viene con cualquier actividad de inversión.

No importa cuán cuidadoso seas o cuán a fondo investigues las métricas fundamentales y financieras de una compañía, nunca podremos predecir el futuro. Algunas de las mejores empresas van a terminar en quiebra o en bancarrota. Algunas de las empresas que parecen estar en problemas ahora van a terminar siendo las vacas de dinero del mañana. A menos que tengas habilidades psíquicas, es imposible saber con certeza el futuro bienestar financiero de una empresa.

Sabemos que si prestamos atención al análisis fundamental nos ponemos en marcha para encontrar empresas que han demostrado ser inversiones exitosas.

Demos una visión general de las estrategias utilizadas en una cartera de inversiones a largo plazo antes de empezar. La primera estrategia se llama diversificación. El punto básico detrás de esta estrategia es evitar poner todos los huevos en una sola canasta. A continuación, vamos a considerar una técnica llamada "dollar-cost averaging". Estas son las dos estrategias principales que, combinadas con el análisis fundamental y la comprensión de sus objetivos generales, pueden conducir al éxito a largo plazo y a la creación de riqueza.

Diversificación
Todo el mundo entiende la idea básica de la diversificación. Es esta: ninguno de nosotros puede predecir el futuro con certeza, por lo que es imposible saber si una empresa individual va a ser un éxito a largo plazo. Recuerda una de las reglas más básicas. Con el tiempo suficiente, cualquier cosa puede suceder. Las empresas que parecen invencibles hoy en día pueden estar en bancarrota en 10 años.

La creación de riqueza y de ingresos mediante la inversión de dividendos significa que se mirará a horizontes temporales más amplios. Como mínimo, estarás invirtiendo durante una década. La historia está llena de empresas que o bien cerraron o tuvieron que pasar por una gran reestructuración para sobrevivir a largo plazo.

Aunque compañías como Facebook, Apple y Amazon parecen invencibles en este momento, ninguno de nosotros puede saber cuál es el futuro a largo plazo de estas corporaciones. Dado este hecho fundamental, un enfoque hacia la inversión fue desarrollado para que en lugar de apostar tu futuro en una empresa, se redujera tu riesgo al invertir en varias empresas simultáneamente.

Si inviertes en 20 empresas diferentes, si una o dos o incluso tres de estas empresas terminan en bancarrota, tu cartera de inversiones en general seguirá estando en buena forma. Este es el principio principal detrás de esta estrategia. Estamos jugando con las probabilidades de que la mayoría de las empresas que son cuidadosamente seleccionadas en base a sólidos principios financieros van a mantenerse durante la vida de nuestras inversiones.

En segundo lugar, la diversificación va a ayudar a construir una cartera de acciones que es probable que conduzca a mayores rendimientos. Si tomas una cesta de empresas, algunas crecerán más rápido que la media, otras serán medias y otras se quedarán atrás y crecerán a una tasa media baja.

Al igual que no podemos predecir qué compañías van a quebrar, no podemos saber con seguridad qué compañías van a crecer rápidamente en los próximos 20 o 30 años, y qué compañías se van a estancarse o incluso crecer a un ritmo más lento que el promedio. Como no se puede saber esto con antelación, la mejor medida para el éxito es seleccionar un buen número de empresas para utilizar en tu cartera.

Otro factor que hay que considerar es los diferentes sectores en los que se puede invertir. Además de tratar con empresas individuales, sectores industriales enteros van a enfrentarse a diferentes futuros. Por supuesto, parece inevitable que la tecnología tenga un futuro brillante. Es probable que así sea, pero si se observan todos los sectores de la economía, no es seguro que ninguno de ellos vaya a crecer en el futuro al mismo ritmo que lo ha hecho hasta ahora en el pasado. Recuerda que las cosas siempre están cambiando en una economía dinámica.

Por lo tanto, una estrategia de diversificación en tus inversiones tiene dos patas. La primera pata es que debes invertir en al menos 15 o 20 empresas diferentes. La segunda pierna de la estrategia de diversificación es que tu debes invertir en múltiples sectores de la economía.

Por lo tanto, sería un error tener 20 inversiones en el sector de la alta tecnología. Todos podemos estar de acuerdo en que la alta tecnología no va a ninguna parte, pero eso no significa que el crecimiento que ha experimentado en los últimos años vaya a continuar indefinidamente. Por ejemplo, todos necesitamos servicios públicos y electricidad. Pero la mayoría de nosotros reconocemos que en lo que respecta al crecimiento, ese tipo de empresas no son ideales, pero podrían desempeñar un papel en tu cartera de ingresos por dividendos.

Por lo tanto, la pregunta es, ¿cuánta diversidad es necesaria para tener una cartera verdaderamente diversificada?

Una de las mejores respuestas a esta pregunta sería invertir en cientos, si no miles, de empresas. Pero esta respuesta ideal debe equilibrarse con las realidades de la mente humana y cuánto puede invertir una persona que no es un asesor financiero a tiempo completo en el verdadero análisis de la salud financiera y el potencial de múltiples compañías. Hay un punto obvio en el que una persona va más allá de su capacidad para hacer buenas inversiones con precisión.

La regla general que la mayoría de los asesores financieros se atienen a un buen nivel de diversificación es de unas 15 a 30 empresas.

Índice y Fondo Mutuo de Inversión
Una forma de aumentar la diversidad de tus inversiones es utilizar los fondos de índice ya sea para toda tu cartera o como una forma de diversificar parte de la misma. Hay muchos fondos índice para elegir en estos días, y permiten a los inversores repartir su dinero en sectores o índices enteros de la economía.

Como veremos, puede elegir fondos que le permitan invertir en sectores específicos de la economía o en grandes índices como el S&P 500. Puede utilizar los fondos para invertir en la salud, en el sector inmobiliario y en otras industrias o sectores y obtener una exposición diversificada a cientos, si no miles, de empresas e inversiones.

Si elige esta ruta, la siguiente pregunta que sigue es ¿cuántos y en qué proporción usar? En otras palabras, es posible construir tu cartera con algunas inversiones específicas mientras se añaden inversiones de fondos para ayudar a aumentar la diversidad. No hay respuestas exactas, correctas o incorrectas, para esto. Lo que sugeriría para la mayoría de la gente es que lo dividan 50-50.

Así que, en este caso, puede elegir 10 de tus compañías favoritas en las que quieras invertir, y luego elegir unos pocos fondos de índice o fondos de inversión para el resto de tus inversiones. De esa manera, tendrás suficiente diversidad en tu cartera para protegerse del riesgo general o del riesgo de estar demasiado invertido en una sola compañía.

Promedio del costo del dólar
El promedio del costo del dólar es otra técnica utilizada por los inversores experimentados para reducir su riesgo general. Expliquemos cómo funciona.

Lo que significa el promedio del costo del dólar, es que inviertes tu dinero en cantidades iguales y en intervalos de tiempo iguales. El propósito de hacer esto es evitar el sentimiento emocional ligado a la compra de activos. La mayoría de los inversionistas tratan de adivinar cuándo comprar y sólo quieren comprar acciones cuando están operando en baja. Con el costo promedio del dólar, tu estás comprando acciones consistentemente en momentos en los que están por debajo y por encima del precio.

El beneficio de utilizar este método es el costo promedio de la compra de estas acciones y, como se compra constantemente, no se intenta cronometrar el mercado de valores.

Al igual que no podemos predecir si una empresa individual va a quebrar en 10 años, es difícil decir si está comprando a un precio alto o relativamente bajo en un momento dado. Dado que eso no es algo que podamos saber con certeza.

La verdad es que si en algún momento utilizas el promedio de costo del dólar, estarás pagando de más por tus acciones. Sin embargo, en otros momentos, estarás comprando acciones con un descuento. Así que, como ya dijimos, estas compras altas y bajas van a promediar con el tiempo.

El promedio del costo del dólar es un proceso simple de implementar. Todo lo que tienes que hacer para implementar el promedio de costo del dólar es decidir un programa de inversión regular. Así que, por ejemplo, podrías decidir invertir el 15 y el 30 de cada mes. Entonces depositas una cantidad igual de dinero en tu cuenta cada vez que estés listo para invertir.

Reequilibrio
Otra estrategia importante utilizada por los inversores a largo plazo y de ingresos se denomina reequilibrio. Al final de cada año, puedes examinar tu cartera de inversiones para ver si sigue cumpliendo con tus objetivos de inversión a largo plazo. Los valores que han superado la mezcla de tu cartera pueden reducirse vendiendo algunos y reinvirtiendo el dinero en acciones que necesitan tener una posición más grande en la misma.

Para utilizar un ejemplo sencillo, supongamos que tu has determinado que tus objetivos de inversión se cumplirán al tener una cartera compuesta por un 75% de acciones de dividendo y un 25% de bonos. Si la porción de tu capital en acciones de dividendo aumentara al 85% y ahora el 15% en bonos al final del año, el proceso de reequilibrio implicaría la venta de suficientes acciones y luego la compra de más bonos para restablecer el equilibrio del 85%-15%.

El reequilibrio también puede utilizarse para mantener tu cartera de acciones en las proporciones que mejor se ajusten a tus objetivos. En otras palabras, si tienes acciones de Microsoft, McDonalds y Coca-Cola en proporciones de 40-30-30, al final del año podrían ser 50-25-25, así que querrías vender algunas acciones de Microsoft para reequilibrar la cartera a 40-30-30 comprando más acciones de Coca-Cola y McDonalds.

También puedes utilizar el reequilibrio como un momento para evaluar el rendimiento de los dividendos cuando seas un inversor de dividendos. Si descubres que hay acciones con mejores rendimientos u otras propiedades que cree que cumplirían mejor tus objetivos que las acciones actualmente en tu cartera, puedes mover el dinero de las acciones existentes a estas nuevas acciones. También puedes utilizar tu evaluación de fin de año para hacer análisis sobre los pagos de dividendos y ganancias y buscar señales de alerta como una empresa que no ha aumentado o mantenido sus pagos de dividendos.

Revisión del análisis fundamental

Siempre es bueno mantenerse al día con las finanzas de una compañía leyendo su informe anual 10-K o su informe trimestral 10-Q. También puedes visitar sitios web como Morningstar.com, SeekingAlpha.com o Valueline.com para conocer las finanzas de la empresa o las opiniones de otros inversores. Aunque comenzamos nuestra vida de inversión entusiasmados con ciertas empresas, no hay razón para seguir con ellas si ofrecen un mal rendimiento trimestre tras trimestre y no nos van a ayudar a cumplir nuestros objetivos de inversión.

Por lo tanto, debes revisar constantemente cada una de tus inversiones y estar preparado para hacer cambios si una empresa muestra signos de que no va a ser una buena inversión para ti a largo plazo. Eso no significa que dejes una compañía

porque tuvo un mal trimestre o un mal
año.

Tendrás que evaluar cuidadosamente
cada situación, en particular lo que la
empresa está haciendo para responder
a la disminución de la cuota de mercado
o de los ingresos, o si ha contraído
muchas deudas, averiguar qué está
haciendo al respecto de cara al futuro.

Obviamente, la vida tiene altibajos, y
algunas empresas van a tener algunos
años malos, pero seguirán siendo
sólidas inversiones a largo plazo con las
que se puede contar para obtener
ingresos en el futuro. Pero también
habrá momentos en los que será mejor
vender tus inversiones en una
compañía y buscar pastos más verdes.

**La mejor estrategia de inversión: Ser
activo**
No seas un inversor ciego. La mayoría
de la gente lleva su vida de inversiones
dejando que alguien más lo maneje.
Consiguen un 401k a través de su
empleo o contratan a un asesor
financiero, y luego dejan que las cosas
sigan su curso. El mejor consejo para
un inversor autogestionado es, sin
importar la estrategia que elijas,
mantenerse al tanto de tus inversiones.

Manténte al día con las noticias financieras y económicas, en particular, en lo que se refiere a las empresas en las que has decidido invertir. Manténte al tanto de los estados financieros de la empresa, el rendimiento del mercado, el equipo de gestión y el desarrollo y lanzamiento de productos. Y se un inversor activo, que no tema hacer cambios cuando sea necesario.

Segundo, nunca dejes tu educación financiera. Manténte al día con los últimos libros, videos e información sobre inversión de dividendos.

Evitar el pánico
Finalmente, evita el pánico al invertir. Los inversores novatos siempre entran en pánico y venden todas sus acciones y pasan a efectivo a la primera señal de problemas. Lo que hay que tener en cuenta sobre las recesiones y los pánicos es que pasan con el tiempo, y cuando se mira la historia a largo plazo del mercado de valores, se verá que los descensos del mercado de valores son de corta duración. Como inversionista de dividendos descubrirás que durante los tiempos de declive del mercado de valores es cuando puedes comprar acciones con un descuento.

Permitiéndote alcanzar tu objetivo de cartera de inversiones más rápidamente.

Una vez que empieces a construir una cartera de acciones para los ingresos por dividendos en el futuro, debes mantenerte en el buen camino y no abandonar el mercado en busca de dinero en efectivo, con la esperanza de volver a entrar en él más tarde. Ese tipo de comportamiento de pánico amateur te pondrá en una situación en la que pagarás demasiado por las acciones, y empezarás de nuevo. En lugar de tomar ese enfoque, deberías usar las caídas para conseguir acciones baratas o con descuento.

Otra estrategia a emplear es poner un cierto porcentaje de tus inversiones en fondos que están al descubierto en el mercado. Hay algunos fondos que cotizan en bolsa que hacen esto. No te aconsejaría poner un gran porcentaje de tu cartera en ellos, pero el 3-5% sería razonable.

Estos fondos ganan mucho valor cuando hay una recesión. Por lo tanto, puedes comprarlos cuando los tiempos son buenos, y luego venderlos cuando una recesión golpea para obtener un mayor beneficio. Puedes usar las ganancias para comprar más acciones que paguen dividendos cuando se venden a un valor descontado.

Crea una lista de vigilancia de las acciones de dividendo que quieres en tu cartera y cuando sea el momento adecuado debería comprarlas con un descuento. Aquí hay una lista de 20 compañías que pagan dividendos y que han tenido un rendimiento estelar en los últimos 10 años:

Ticker	Nombre
LAUNCH	T. Rowe Price Group Inc.
ABBV	AbbVie Inc.
O	Realty Income Corp
MMM	3M Co
JNJ	Johnson & Johnson
KO	Coca-Cola Co
PEP	PepsiCo, Inc.
MCD	Mcdonald's Corp
KMB	Kimberly Clark Corp.
LOW	Lowe's Companies, Inc.
GPC	Compañía de piezas genuinas

CL	La compañía Colgate-Palmolive
NKE	Nike Inc.
UL	Acciones ordinarias de UNILEVER N.V.
ITW	Illinois Tool Works Inc.
FAST	Compañía Fastenal
SPGI	S&P Global Inc.
CLX	Clorox Co
WPC	WP Carey Inc.
EL	Estee Lauder Companies Inc.

Capítulo 7: Comprensión de las implicaciones fiscales

Esta parte del libro es la menos agradable. Pero afrontémoslo; la mayoría de nosotros no sabemos mucho sobre cómo se va a aplicar nuestro complejo código fiscal en lo que se refiere al mercado de valores y los dividendos. Si eres un inversor principiante, eso es cierto. El primer consejo que se debe dar es que si construyes una gran cartera de acciones, tendrás que utilizar un contador profesional. Pero tener algún conocimiento de las reglas generales también ayudará.

Dividendos ordinarios frente a los calificados

Lo primero que hay que tener en cuenta es la diferencia entre los dividendos ordinarios y los calificados. Los tipos de dividendos de los que hemos estado hablando en este libro son los dividendos ordinarios. Eso significa que los ingresos de ellos son, bueno, ordinarios. En otras palabras, las ganancias son gravadas como ingresos ordinarios.

Un dividendo calificado proviene de una ganancia de capital. Siguiendo el tipo de inversiones que hemos descrito en este libro; probablemente no se obtengan dividendos calificados.

Formularios de impuestos

Los dividendos que se obtengan de una inversión en acciones de dividendos serán reportados en el formulario 1099-DIV. Si recibe pagos de dividendos de una corporación o fideicomiso, serán reportados en el formulario K-1. Ten en cuenta que las inversiones en vehículos como un MLP generarán un K-1.

Dividendos que se reinvierten

Desafortunadamente, los genios del Congreso no vieron que era adecuado impedir que esto promoviera la inversión. Sin embargo, los dividendos que se reinvierten siguen estando sujetos a impuestos, por lo que hay que informar de los dividendos que se reciben en la declaración de la renta y pagar impuestos por los ingresos ordinarios de los mismos.

Algunos trucos para reducir la carga fiscal.

Si tienes una cuenta de jubilación individual, tu dinero en la cuenta puede crecer libre de impuestos. Una desventaja es que los sabios del Congreso limitan la cantidad que puede invertir en una cuenta de retiro individual a alrededor de $5,500 - $6,500 por año dependiendo de la edad. Sin embargo, hay un buen truco que puede usar con los dividendos dentro de la cuenta de jubilación individual. Puedes usar la cuenta para comprar acciones que generen dividendos. Luego, cuando se pagan los dividendos, se pagan dentro de su IRA. Eso significa que están libres de impuestos, y puedes reinvertirlos dentro del IRA.

Ten en cuenta que cuando se retira el dinero de tu IRA después de jubilarte, si tienes una IRA tradicional, tendrás que pagar impuestos sobre ella en ese momento (una IRA Roth significa que paga impuestos sobre el dinero ahora, pero el dinero está libre de impuestos más adelante cuando lo retires).

Así que el procedimiento para evitar el pago de impuestos sobre los dividendos es:
- Abrir una cuenta IRA o usar una cuenta de jubilación de un empleador como un 401k
- Comprar acciones de dividendo dentro de la cuenta de jubilación
- Reinvierte los dividendos dentro de la cuenta de jubilación

- De esa manera, no tendrás que pagar impuestos por los dividendos...

El mismo truco puede ser usado para hacer crecer masivamente sus cuentas de retiro usando llamadas cubiertas. Entonces, compras acciones dentro del IRA, y luego vendes llamadas cubiertas con la cuenta IRA. Las probabilidades son buenas de que la mayoría de las veces, las opciones no van a ser ejercidas. Entonces, tu obtienes, digamos, $2,500 de ganancia al mes vendiendo llamadas cubiertas, y está dentro de su IRA, y va a estar libre de impuestos ya que la cuenta puede crecer libre de impuestos.

Luego usas los fondos de tus llamadas cubiertas para seguir comprando más acciones. Por lo tanto, aunque sólo se limita a poner una cantidad relativamente pequeña cada año después de haber acumulado unos pocos cientos de acciones, puede comenzar a ganar dinero de la venta de llamadas cubiertas y reinvertir los dividendos. Luego, cuando empieces a retirar dinero del IRA cuando te hayas retirado, pagarás impuestos sobre el dinero en ese momento.

Capítulo 8: Errores que hacen los inversores de dividendos

La inversión de dividendos tiende a atraer a personas más sensatas. Sin embargo, como principiante, es probable que cometas errores en el camino. Al aprender de antemano los principales errores que los inversores principiantes probablemente cometan, puede evitar meterse en demasiados problemas, y tal vez evitarlos por completo.

En muchos casos, el problema del mercado de valores no es tanto que la gente no tenga una varita mágica que le permita elegir las mejores acciones posibles, sino que puede ser que las personas cometan errores de forma rutinaria que los metan en problemas. Evita cometer los errores y deja que la tendencia general alcista del mercado de valores se encargue de todo lo demás.

1. Ansioso por recibir un dividendo

La forma en que esto funciona es que ves una acción con un buen pago de dividendos, y así, tratas de comprarla lo más cerca posible de la fecha ex-dividendo para que te paguen de inmediato. Haciendo esto se crea una situación en la que puedes meterte en problemas dejando que la emoción empiece a tomar el control.

Normalmente, la emoción no es un problema tan grande para los inversores de dividendos, pero una vez que pones un pie en la puerta, puedes empezar a tener problemas financieros. La clave para evitar este problema es tomar un punto de vista de inversión a largo plazo y comprar acciones de forma fija y regular.

2. No buscar el crecimiento

En promedio, los inversores de dividendos tienden a ser más conservadores que otros tipos de actores del mercado de valores. Tal vez no tan conservadores como la gente que sólo compra fondos de inversión, pero más conservadores que el inversionista promedio de crecimiento. El objetivo con los dividendos es buscar compañías maduras y estables, pero también debes conseguir compañías orientadas al crecimiento que estén pagando dividendos en tu cartera.

Si bien es posible que ahora paguen un dividendo menor, con el tiempo, una empresa orientada al crecimiento puede terminar pagando un dividendo más alto que una empresa vieja como Walmart o

Johnson & Johnson. Es conveniente examinar la historia de la empresa en cuanto al pago de dividendos y ver si se detecta una tendencia, y esa tendencia sería el aumento de los pagos de dividendos. No mires los montos absolutos, mira los porcentajes y elije compañías que aumenten tus dividendos más rápido que la inflación.

3. No invertir en ETFs de dividendos.

Es divertido invertir en acciones individuales, y a la gente le encanta la emoción de hacer la investigación y poder rastrear todas las diferentes compañías. Eso es genial, y puedes conseguir grandes compras en tu cartera. Sin embargo, también deberías invertir parte de tu dinero en ETFs para aprovechar la diversificación masiva. Esto también actuará como una cobertura para ayudar a mantener una parte de su cartera estable y segura.

Recomendaría poner entre 25-40% de tus inversiones de dividendos en 2-3 diferentes ETFs, probablemente uno que rastree a los aristócratas de los dividendos, y también incluir un REIT para diversificar tu exposición.

4. No se diversifica lo suficiente

Hemos cubierto una amplia gama de inversiones en este libro, y deberías invertir en todas ellas. La forma de asignar tus inversiones depende de ti, pero la compra estricta de acciones puede dejar oportunidades sobre la mesa. Por ejemplo, no hay razón para no invertir en REITs, ya sea individualmente o a través de un ETF. También deberías invertir en al menos cinco MLP para aprovechar las altas distribuciones y disfrutar de las ventajas fiscales.

5. Sólo invertir en acciones. Bueno, está bien, nos estamos repitiendo ... pero hay otras buenas posibilidades de inversión por ahí para los inversores de ingresos. Puedes usar las opciones de compra para generar ingresos ahora o para magnificar el impacto del interés compuesto reinvirtiendo el dinero que obtienes de las primas. Otra inversión que la gente orientada hacia los dividendos debe considerar es la inversión en bonos, que puede ayudar a generar más ingresos mensuales.

No es tan lucrativo como lo fue una vez, debido a las bajas tasas de interés que hemos tenido en los últimos 20 años, pero puedes aumentar tus ingresos y proporcionar algún nivel de protección para tu dinero. Los ETF son una gran manera de invertir en bonos y diversificar más allá de la inversión en acciones de dividendos.

6. Comprar acciones porque son baratas

Recuerda que a veces se obtiene lo que se paga. Eso no significa que tengas que comprar las acciones más caras del mercado para crear riqueza mediante la inversión de dividendos, pero recuerda que algunas acciones pueden tener un precio bajo, porque no son una buena inversión. Como hemos señalado antes, una acción en declive puede tratar de utilizar un alto pago de dividendos o de rendimiento para tratar de atraer a los inversores, que por lo demás no están muy entusiasmados con la inversión en la empresa.

Ahora, a veces, una empresa que se establece para días mejores en el futuro puede tener un precio de acciones bajo. Recuerda, para saber dónde está la empresa, y necesitas mirar los fundamentos de la empresa. Observa cómo cambian las cosas con el tiempo e investiga la compañía para ver qué nuevos productos están saliendo. A veces, una acción barata es una ganga, pero no puedes ir solo por el precio.

7. Tener miedo de dejarlo ir
Una de las desventajas de los inversores de dividendos que, por naturaleza, van a ser más conservadores es que a veces no pueden dejar ir una acción que ya no vale la pena mantener. Puede sentirse como si estuvieras traicionando tus planes cuando estás invirtiendo con la esperanza de generar un ingreso pasivo de por vida a partir del pago de dividendos, y las acciones comienzan a rendir tan mal que está claro para la mente, pero no para el corazón que necesitas para salir. Usa los mismos músculos en tu cerebro que usarías para evaluar una acción barata que estabas pensando en comprar y analiza la compañía.

8. Sin tener en cuenta tus impuestos.
Recuerda, invertir en el mercado de valores no es gratis, y cualquier dinero que saque será gravado. Puede que no te guste, pero así son las cosas. Por lo tanto, es importante estar familiarizado con las leyes fiscales que se aplican a los dividendos de las acciones, para que tengas una idea de lo que vas a

tener que pagar de los diversos beneficios que estás haciendo en esta empresa. No debes tener la experiencia de un contador, pero no saques dinero y digas que te vas a preocupar de los impuestos más tarde.

Tengan una idea de lo que pueden ser los impuestos, y asegúrense de pagar los impuestos estimados para no atrasarse más tarde y tener una factura de impuestos masiva. Otra preocupación y a la que llegué cuando se trata de no tener en cuenta los impuestos, es que se sobreestiman las ganancias. Cuando se calculan los impuestos en las transacciones, se puede encontrar que las ganancias no son tan grandes como se pensaba. Si vas a obtener ingresos de los dividendos, es una buena idea tener un contador en lugar de tratar de volar solo usando un software de impuestos.

9. No hacer la debida diligencia
El último error que veremos en nuestra lista es tomar una actitud arrogante hacia tus inversiones. Mucha gente no dedica tiempo a estudiar el mercado y las compañías en las que invierten o quieren invertir, y como resultado, no invierten tan bien como podrían. En lugar de mantenerse al tanto de lo que

pasa, sólo invierten en lo que les apetece invertir.

Eso podría marcar la diferencia entre ganar 26.000 dólares al año o 75.000 dólares al año con tus inversiones. Cuando vaya a comprar una acción, debe poder explicar claramente a otra persona las razones exactas por las que compraría la acción y lo que espera obtener de ella, en lo que respecta tanto al pago de dividendos como a la apreciación del capital de las acciones.

Conclusión

Ahora es tan buen momento como cualquier otro para comenzar tu carrera como inversor autodirigido. Si aún no has abierto una cuenta de corretaje, deberías hacerlo lo antes posible. No es complicado, y una vez que des ese primer paso, comenzará a reducir cualquier ansiedad o duda que sienta sobre el inicio de su programa de inversiones.

Recuerda que puedes contribuir con una cantidad que te sirva. No te preocupes por los ejemplos que se discuten en este libro o en otro lugar o por lo que otras personas estén haciendo, invierte una cantidad que esté dentro de tu presupuesto y de tus capacidades para empezar a invertir regularmente. Aunque empiece invirtiendo sólo 50 dólares al mes, el simple hecho de que esté adquiriendo el hábito de dirigir su programa de inversiones es lo importante en lo que hay que centrarse. Siempre puedes aumentar tus contribuciones más tarde.

Insto a todos los lectores a hacer su debida diligencia cuando se trata de invertir. Comenzar un proceso de toma de control de tus inversiones y el futuro financiero puede ser estimulante, pero recuerda que también viene con la responsabilidad. Si haces inversiones y fracasas, el hecho de que estés siguiendo un programa de inversión autodirigido e independiente significa que si tus inversiones fracasan, no hay nadie a quien culpar sino a ti mismo.

Pero hemos proporcionado las herramientas necesarias para evitar el fracaso. Si sigue un programa de diversificación y de promediación de costos en dólares, junto con hacer contribuciones regulares al menos mensuales, a menos que haya una calamidad económica general, no va a fracasar. Pero ten expectativas realistas, en cuanto a entender la cantidad de dinero que puede ganar en base al tamaño de tus inversiones y los horizontes de tiempo que va a utilizar para construir sus inversiones.

Gracias.

Me gustaría agradecerle de todo corazón por acompañarme en este viaje de inversión. Hay muchos libros de inversiones por ahí, pero decidiste darle una oportunidad a este.

Si te gustó este libro, ¡entonces necesito tu ayuda!

Por favor, tómese un momento para dejar una reseña honesta de este libro. Esta reseña me da una buena comprensión de los tipos de libros y temas que los lectores quieren leer y también le dará a mi libro más visibilidad.

Dejar una revisión toma menos de un minuto y es muy apreciado.

www.ingramcontent.com/pod-product-compliance
Lightning Source LLC
Chambersburg PA
CBHW071500210326
41597CB00018B/2630